CHAMBRE DE COMMERCE DE LAVAL

DU RACHAT

ET DE L'EXPLOITATION DES CHEMINS DE FER

PAR L'ÉTAT

RAPPORT

PRÉSENTÉ A LA CHAMBRE DE COMMERCE

Par Ludovic LOUVARD

Conformément à la délibération du 29 mai 1880

PARIS

IMPRIMERIE CENTRALE DES CHEMINS DE FER

A. CHAIX ET Cie

RUE BERGÈRE, 20, PRÈS DU BOULEVARD MONTMARTRE

1880

DU RACHAT

ET DE L'EXPLOITATION DES CHEMINS DE FER

PAR L'ÉTAT

RAPPORT

PRÉSENTÉ A LA CHAMBRE DE COMMERCE

Par Ludovic LOUVARD

Conformément à la délibération du 29 mai 1880

PARIS

IMPRIMERIE CENTRALE DES CHEMINS DE FER

A. CHAIX ET Cie

RUE BERGÈRE, 20, PRÈS DU BOULEVARD MONTMARTRE

1880

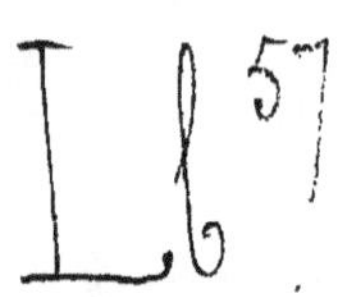

CHAMBRE DE COMMERCE DE LAVAL

DU RACHAT

ET DE L'EXPLOITATION DES CHEMINS DE FER

PAR L'ÉTAT

RAPPORT

PRÉSENTÉ PAR M. LUDOVIC LOUVARD

Dans la séance du 3 juillet 1880

MESSIEURS,

La question toute spéciale du rachat et de l'exploitation par l'État d'une partie du réseau d'Orléans est devenue, par suite du rejet de la Convention du 10 février 1880, une question générale qui soulève dans le monde politique, financier et commercial, la plus vive émotion.

C'est cette question qui est soumise aujourd'hui à votre délibération et qui fait l'objet du rapport que vous m'avez fait l'honneur de me confier.

Les votes de la Commission des Trente-Trois ont mis en présence les deux opinions extrêmes :

D'un côté, celle qui, séduite par l'harmonie et l'ordre apparent de la réglementation officielle, croit que les questions économiques et commerciales peuvent se régler comme les choses d'administration;

De l'autre, celle qui, estimant que le rôle de l'État doit être purement tutélaire et administratif au sens rigoureux du mot, ne demande qu'à l'initiative privée et à notre génie national la solution des grands problèmes que soulève le développement des sociétés modernes;

D'un côté, les promoteurs de l'État-Providence, souverain dispensateur de toutes choses;

De l'autre les défenseurs des libertés individuelles et de la vie civile.

Je ne me laisserai pas entraîner, Messieurs, dans les considérations politiques, si intéressantes qu'elles soient, qui s'imposent dans notre sujet; nous n'avons, nous, Chambre de Commerce, qu'à envisager les choses au point de vue commercial. C'est au Parlement, aux Conseils généraux, à la Presse, de dire si c'est un bien :

De substituer à l'industrie privée l'action gouvernementale;

D'augmenter dans une proportion si formidable la centralisation déjà excessive;

De créer par une seule loi trois cent mille fonctionnaires de plus;

En un mot de faire du socialisme d'État, anonyme et irresponsable.

A ce point de vue même, j'oserai dire que je considère la chose comme jugée dans le passé comme dans le présent.

Je rappellerai le discours de Jules Favre contre l'ex-

ploitation de l'État, dans la séance du 21 avril 1849 ; —
l'exposé des motifs lus à la séance suivante par l'orateur
du Gouvernement, et qui contient ce passage : « Que l'ex-
» ploitation directe par l'Etat avait aux yeux du Gouver-
» nement *de tels inconvénients, nous dirons plus, de tels dangers,*
» qu'avant de s'engager dans ce système, il voulait exa-
» miner de nouveau s'il n'était pas possible d'arriver à
» quelqu'autre combinaison qui satisfît mieux à toutes les
» exigences de l'intérêt public. »

Citerai-je aussi l'opinion de M. Foucher de Careil, rapporteur de la Commission sénatoriale de 1876, qui conclut
ainsi : « que l'exploitation des voies commerciales par le
» Gouvernement lui impose une tâche à laquelle il n'est
» pas propre et des responsabilités auxquelles il lui
» importe de se soustraire. »

Les Conseils généraux qui, dans la courte session d'avril,
ont pu s'occuper de la question des Chemins de fer, ont
tous émis des vœux contraires au rachat et à l'exploitation
par l'État.

Je citerai les Conseils généraux de l'Aveyron, de la
Charente, de la Charente-Inférieure, du Cher, de la Haute-
Garonne, du Lot, de Maine-et-Loire, du Morbihan, de la
Nièvre, du Pas-de-Calais, de Seine-et-Marne, du Tarn.

Le vœu du département de Maine-et-Loire, qui *jouit*
déjà des bienfaits de l'exploitation de l'État, est très ins-
tructif : « Le Conseil, considérant que le rôle de l'État
» consiste à encourager les efforts de l'initiative privée et
» non à se livrer lui-même à des entreprises industrielles,
» et *qu'il ne saurait d'ailleurs exploiter aussi économiquement*
» que les Compagnies, émet le vœu qu'il ne soit pas procé-
» dé au rachat des Chemins de fer. » Les Charentes, qui

sont aussi sous le régime de l'exploitation de l'État, émettent le même vœu ; de même le Pas-de-Calais, le département industriel par excellence ! *Vingt-sept* départements ont déjà protesté contre le rachat et l'exploitation par l'État.

La presse, par ses organes les plus accrédités, *l'Économiste français*, *la Revue des Deux-Mondes*, *le Journal des Transports*, *le Journal des Débats*, *la France*, etc., se prononce comme les Conseils généraux.

La Chambre de Commerce de Bordeaux nous a donné l'exemple, et son remarquable travail a été suivi aussitôt des délibérations motivées des Chambres de Nancy, de Saint-Omer, de Sedan, qui toutes concluent contre le rachat et l'exploitation par l'État : aujourd'hui, c'est la nôtre qui prendra, je n'en doute pas, une délibération semblable ; demain ce sera une autre.

Les discussions de la Société d'économie politique, de la Société des Ingénieurs civils, viennent encore fortifier par leurs conclusions notre manière de voir.

Je ne ferai pas, Messieurs, l'historique de l'exploitation de l'État en France. Une première expérience a été faite de 1849 à 1852. Dans l'excellent ouvrage de M. Jacqmin nous trouvons complètement et techniquement racontée cette première aventure qui s'est terminée par un tolle général du public et la formation des grandes Compagnies.

Nous sommes les témoins, je pourrais dire les acteurs de la deuxième expérience ; elle a été jusqu'ici peu encourageante et le déficit de 3,500,000 francs, du deuxième semestre de 1879, porte son enseignement.

Le Gouvernement lui-même semble craindre le fardeau

qu'on veut lui imposer; j'en atteste les paroles mêmes de M. de Freycinet, paroles qui ont eu trop de retentissement à la tribune et au sein de la Commission, pour que j'aie besoin de les répéter ici; j'en atteste encore la convention du 10 février, et cette demande d'exploitation *provisoire* dont le Parlement est saisi pour les nouvelles lignes dont l'État a entrepris la construction.

Du reste, la loi du 28 mai 1878, comme le disent si judicieusement nos collègues de Bordeaux, « n'a été ni » présentée ni votée comme l'expression d'une modifica- » tion appliquée au système général de l'exploitation des » Chemins de fer français. Elle fut l'œuvre de nécessités » impérieuses, le moyen de mettre un terme à une situa- » tion financière déplorable, et par conséquent approuvée » à ce seul titre. Elle n'est donc pas un précédent dont on » puisse tirer un titre d'acquiescement au principe du ra- » chat et de l'exploitation par l'État. »

Je me hâte, Messieurs, de sortir de ces généralités, et, abordant, à un point de vue plus spécial, l'objet de notre délibération, je vais analyser, en la réfutant surtout au point de vue commercial, la thèse des partisans du rachat :

A. — Il faut retirer nos Chemins aux grandes Compagnies :

1° Parce qu'elles exploitent chèrement ;

2° Parce qu'elles appliquent des Tarifs plus élevés que ceux des autres pays ;

3° Parce qu'elles refusent toutes les améliorations réclamées par le public pour le transport des voyageurs comme pour celui des marchandises.

B. — Il faut racheter et confier l'exploitation à l'État :

1° Parce qu'il exploitera économiquement;

2° Parce qu'il abaissera les tarifs ;

3° Parce que, immédiatement, du jour au lendemain, il donnera au public toutes les améliorations que celui-ci réclame des Compagnies actuelles.

A. — *1° Les grandes Compagnies exploitent chèrement.*

Cette assertion me semble absolument gratuite. Les Conseils d'administration des grandes Compagnies, les réunions d'actionnaires exercent sur l'exploitation une surveillance et un contrôle d'autant plus sérieux qu'ils sont faits par les intéressés eux-mêmes. Des fonctionnaires qui n'ont ni responsabilité ni intérêts directement engagés ne verront pas les mille détails qui font la bonne gestion d'une industrie privée ; et surtout, ne sont-ils pas habitués *à faire grand?* Les contribuables sont plus maniables que les actionnaires.

Il serait plus juste de retourner l'argument et de dire qu'il ne faut pas d'exploitation par l'État *parce qu'il exploite trop chèrement.* Le Tarif moyen perçu par l'État, dans son exploitation de l'année dernière, a été de 0 fr. 074. Mais il faut tenir compte de l'intérêt et de l'amortissement du prix d'établissement des lignes rachetées. C'est 0 fr. 11 qui de ce chef affectent chacune des 90 millions de tonnes kilométriques transportées : voilà donc le coût de la tonne kilométrique qui ressort à 0 fr. 184. Ajoutons 0 fr. 02 pour le camionnage du domicile de l'expéditeur à la gare, le prix de revient total est donc d'environ 0 fr. 21, se rapprochant sensiblement du coût de transport sur la route. M. de Freycinet avait cité, dans la discussion, le mot de Bastiat : « Il y a ce qu'on voit et ce qu'on ne voit pas. » « Il y a donc sur la ligne de l'État, dit fort judicieusement » M. Level, à qui j'emprunte ce passage, il y a donc *ce* » *qu'on voit*, le tarif de 0 fr. 074 ; *ce qu'on ne voit pas*, la » charge de 0 fr. 18, et *ce qu'on devrait voir*, le prix total » de 0 fr. 21. »

Le prix moyen d'exploitation des Compagnies a été, dans la même période, de 0 fr. 06.

A. — *2° Les grandes Compagnies appliquent des Tarifs plus élevés que ceux des autres pays.*

Je vais démontrer, avec des chiffres officiels, la fausseté complète de cette proposition.

Sur les chemins badois, russes, espagnols, du sud de l'Autriche, de la Bavière, de l'État prussien, de la Hollande et de l'Italie, les Tarifs moyens perçus par tonne kilométrique sont respectivement de 0 fr. 0722, — 0,0768, — 0,0765, — 0,0733, — 0,0732, — 0,0688, — 0,0680, — 0,0679 ; par conséquent tous supérieurs au Tarif moyen français, qui est de 0 fr. 06. Les chemins de fer d'Alsace-Lorraine (0,056) et les chemins de l'État belge (0,0512) offrent seuls des Tarifs inférieurs aux nôtres. Mais observons que :

1° Les Tarifs d'Alsace-Lorraine n'ont été établis que par des considérations politiques faciles à comprendre ; et encore ces Tarifs ont-ils été déjà relevés à deux fois de 15 à 20 0/0.

2° Pour la Belgique, les Tarifs de transit que comporte sa situation géographique, influent beaucoup sur le prix moyen

*

kilométrique. De plus, le Ministre déclarait tout récemment à la tribune qu'il fallait, pour combler le déficit de l'exploitation, ou *relever les Tarifs, ou augmenter les impôts.*

A. — *3° Les Compagnies refusent toutes les améliorations réclamées par le public pour le transport des voyageurs comme pour celui des marchandises.*

Citons quelques faits à l'encontre de cette assertion :

Admission des voyageurs de 2ᵉ classe dans la plupart des trains express ;

Chauffage des voitures de toute classe (ce qui n'existe pas à l'étranger) ;

Multiplication des Tarifs spéciaux ;

Unification de la tarification : le Tarif commun des petits paquets, vrai tarif de syndicat, va être suivi d'un Tarif similaire applicable en petite vitesse aux expéditions qui ne dépassent pas 40 kilogrammes ; il doit être soumis prochainement à l'homologation.

Non, les Compagnies ne sont pas si récalcitrantes que nos adversaires veulent bien le dire ; elles se prêtent assez facilement aux arrangements qu'on leur propose. Les conventions de 1859, en introduisant les clauses du revenu réservé et du déversoir, ont complètement modifié l'économie du cahier des charges ; les conventions de 1857 et de 1863 ont donné une certaine satisfaction aux demandes de créations de lignes.

On nous dit toujours que les Compagnies peuvent résister à l'État sur les questions de Tarifs. Pourtant *l'État est aujourd'hui maître des Tarifs ;* ces Tarifs ne sont jamais mis en vigueur sans une enquête préalable, l'avis des Chambres de Commerce et l'homologation *toujours provisoire*. Que pourra faire de plus l'État exploitant? Aura-t-il la même déférence pour les avis des Chambres de Commerce lorsqu'il sera le principal et le plus direct intéressé?

Je citerai encore, parmi les améliorations réclamées et consenties par les Compagnies, les diminutions accordées sur les transports en petite vitesse.

A l'origine des Chemins de fer et jusqu'en 1857, conformément au cahier des charges imposé par l'État, les Compagnies pouvaient percevoir les Tarifs suivants :

1re Classe.	0 f. 20
2me —	0 18
3me —	0 16

En 1856, ces taxes ont été réduites comme suit :

1re Classe.	0 f. 16
2me —	0 14
3me —	0 10

La 3e classe, pour les parcours au delà de 300 kil., paie très souvent 4 centimes.

Le prix moyen perçu par les Compagnies ne dépasse pas 6 centimes.

Je citerai encore, à l'encontre de la proposition que nous examinons, la réponse des Compagnies à propos des tarifs dits de pénétration (déclaration de décembre 1870): « S'il » est un tarif qui ait pour conséquence d'accorder à la mar- » chandise étrangère un avantage qu'elle ne trouve pas » déjà sur d'autres voies de transport, et qui soit ainsi, du » fait des Compagnies de chemins de fer, de nature à faire » échec aux droits de douane, nous sommes à la disposition » de l'administration pour le modifier. »

L'administration supérieure a jugé l'accusation de M. Allain-Targé mal fondée, puisqu'aucune taxe incriminée n'a été rectifiée.

B. — *1° L'État exploitera économiquement.*

L'État ne peut pas exploiter économiquement.

Les fonctionnaires, les personnages officiels, en un mot tout ce qui touche de près ou de loin à l'administration, exigeront le parcours gratuit.

Nous avons l'expérience du passé. Il faut lire dans l'excellent ouvrage de M. Jacqmin les singulières demandes de permis de circulation qui se reproduisent sans cesse, présentées par des préfets, sous-préfets, juges de paix, entrepreneurs de fêtes publiques, orphéons, congrégations, etc. J'en passe et des meilleures.

Le chemin de fer étant à l'État, tout ce qui a une étiquette officielle a *le droit de s'en servir gratis*, voilà la thèse.

Avec cela, on va loin ; et à certains moments, sur 100 voyageurs, on en aurait bien 50 qui ne paieraient rien. Quelle recrudescence de *poids mort,* pour me servir de l'expression de Proudhon ! Et qui donc, en fin de compte, paiera les frais de traction ?

A un autre point de vue, comment espérer de l'État construisant et exploitant, la netteté de coup d'œil et la promptitude de décision nécessaires pour le service commercial, quand on songe aux lenteurs administratives, à la filière bureaucratique ? Témoin cette fourniture de rails d'acier qu'en septembre 1879 l'État belge refuse de payer 124 fr. 60 c., pour les acheter trois mois plus tard 180 francs.

Il y a un fait bien acquis : c'est que l'exploitation de

l'Etat en France est beaucoup moins économique que celle des Compagnies.

En 1879, le coefficient d'exploitation est de :

État, 81,18 0/0

Compagnies, 47,00 0/0

A l'étranger, nous trouvons la même chose (année 1877):

	États.		Compagnies.
Prusse,	75,53	0/0	66,40
Danemark,	69,27		46,79
Belgique,	67,03		56,49
Allemagne,	66,30		58,18

Du reste, voici le compte d'exploitation des lignes de l'État français pendant le deuxième trimestre de 1879.

Le produit des recettes, grande et petite vitesse, a été de 7,927,463 francs; les dépenses se sont élevées à 6,436,422 francs. Le coefficient d'exploitation a donc été de 81,18 0/0. Cette recette nette de 1,491,223 francs, est bien au-dessous des intérêts du capital de rachat, qui nécessite au Trésor près de 5,000,000 de francs par semestre. Le déficit est donc de 3,500,000 francs, soit 7,000,000 de francs par an, pour une exploitation de moins de 2,000 kilomètres. Que sera-ce quand l'État aura en main le réseau entier, complété suivant le programme Freycinet, environ 43,000 kilomètres ?

B. — 2° *L'État abaissera les tarifs.*

Les abaissements seront longs à venir......, s'ils viennent! l'expérience, hélas! est encore là. Quelles réclamations n'a-t-il pas fallu pour arriver à la suppression de l'impôt de 5 0/0 sur la Petite Vitesse ? Et cet autre impôt si lourd de 23 0/0 sur la Grande Vitesse ? 1870 est déjà loin, et les 10 0/0 votés pour parer aux premières nécessités imposées par nos désastres, subsistent toujours malgré les énormes plus-values de nos budgets.

Abaisser les tarifs ! Mais qui s'entend mieux que l'État à les aggraver ? Voyez le tarif des petits paquets. Sur le premier prix de 85 centimes, le plus souvent appliqué, l'État touche plus de la moitié ; les frais accessoires perçus par l'État sont plus élevés que le prix principal du transport, c'est le renversement de l'adage : *accessio cedat principali*. Les grandes Compagnies ont fait là certainement un sacrifice pour rendre service au commerce ; l'État n'en a fait aucun, et il a atténué en partie, par ses exigences fiscales, la grande différence de prix que ce tarif comportait.

Sur le réseau actuel de l'État, après 18 mois d'exploitation, les taxes, bien que supérieures à celles des Compagnies, ne diminuent pas, et pourtant la différence est énorme. Par exemple, un colis de 5 à 10 kil. est expédié de Château-Gontier (Ouest) à Juigné-sur-Loire (État) :

Parcours sur l'Ouest, 66 kilomètres, prix :   0 f. 35
Parcours sur le réseau d'État, 13 kilomètres, prix : 0 f. 50

Je comprends l'aveu de M. Wilson, demandant l'absorption de l'Orléans, parce qu'il fait, par sa tarification, une concurrence trop grande au réseau d'État.

Bien plus, cette diminution dans les tarifs, qui paraît si facile avec l'exploitation par l'État, est-elle si assurée ? Examinons. Le prix de la tonne kilométrique étant de 6 centimes, prix indiscutablement établi par M. Level, une diminution de 1 centime réduirait les recettes de la Petite

Vitesse de 80 millions de francs. Or, l'annuité à payer pour le rachat est basée sur le chiffre des recettes actuellement fournies par l'exploitation. Il faudrait donc, pour reconstituer cette perte de 80 millions, produite par la réduction d'un seul centime sur le tarif moyen, une augmentation de 1 milliard 600 millions de tonnes kilométriques, ce qui est, à 10 0/0 près, le tonnage de l'ensemble de la navigation du pays tout entier sur les fleuves, rivières et canaux.

Pour cette augmentation de circulation, calculez ce qu'il faudra en plus de matériel roulant, personnel, dépenses de traction, usure et entretien de la voie, etc. L'État perdrait ainsi la base assurée de son annuité, donnerait une réduction peu importante, et se lancerait dans des frais nouveaux qui donnent une marge inquiétante à l'imprévu. L'aléa que cette situation comporte donne d'autant plus à réfléchir que l'État retire chaque année un résultat certain de l'exploitation faite par les grandes Compagnies, soit en recettes perçues gratuitement pour le Trésor, soit en économies de transports (postes, marins, soldats).

Ce profit a été, en 1878, de 230 millions, c'est-à-dire six fois et demie le montant de la *garantie*, disons mieux, de *l'avance* faite dans cette même année (35 millions) aux quatre Compagnies qui y ont seules recours.

Remarquons aussi que ces profits perçus par le Trésor sont supérieurs à la totalité des dividendes distribués aux actionnaires de nos six grandes Compagnies.

L'abaissement des tarifs par le fait de l'État exploitant me semble d'autant plus impossible, que l'État a tendance à relever les droits en tout et partout : les dégrèvements d'impôts ne sont pas en rapport avec les plus-values. Les tarifs de douanes sont relevés au moment où nous avons besoin de produits d'importation à bon marché. Les tarifs de transports seraient relevés aussi ; c'est la conséquence forcée des tendances économiques qui se font jour dans le Parlement. Et retenons bien ceci : suivant que la majorité parlementaire sera protectionniste ou libre-échangiste, le taux des tarifs s'élèvera ou s'abaissera. Donc *instabilité*, et par suite *crises économiques* dont nul ne peut prévoir l'étendue et la durée.

On semble compter beaucoup sur ces abaissements de tarifs pour la diminution de prix de certaines marchandises. Avec un peu de réflexion on voit que les impôts de toute nature, plutôt que le coût du transport, constituent certains prix exagérés.

Ainsi pour les vins, une tonne de vin de Bordeaux, coûtant 350 francs, paie, pour venir à Paris, 37 francs ; mais elle est frappée d'un droit d'octroi de 192 francs. A chacun ses responsabilités ! Et ne faisons pas toujours des Compagnies le bouc émissaire chargé des iniquités..... des autres ! Il est bien évident qu'ici une réduction dans le transport de 10, de 20 p. 0/0 aurait une bien minime influence sur le prix de vente, tant que l'Octroi et l'État prélèveront la part du lion.

B. — *3° L'État, immédiatement, du jour au lendemain, donnera au public toutes les améliorations qu'il réclame des Compagnies actuelles.*

L'État, pour tout ce qui est réforme et administration est d'une lenteur proverbiale. Pour de simples travaux de ports ou d'aménagement de bassins, ne voit-on pas nombre de Chambres de Commerce obligées de lui avancer des sommes considérables en vue d'accélérer la marche des travaux?

Pour arriver sûrement et promptement aux améliorations que réclame le public, il faut des employés sûrs et une liberté d'action illimitée.

Or, l'État n'aura jamais d'employés comme les Compagnies. Il est impuissant à donner les légitimes rémunérations auxquelles ont droit les employés actifs et zélés. Seule l'industrie privée peut le faire, car elle est maîtresse de rémunérer chacun dans la mesure des facultés déployées et des services rendus.

Les grandes Compagnies ont créé des primes qui, obtenues dans certaines conditions, stimulent le zèle des agents et les habituent à l'économie et à la bonne gestion.

Dans l'exploitation faite par l'État, il ne peut pas y avoir de liberté d'action administrative. Les prévisions budgétaires, réglées et arrêtées d'avance par le Parlement, arrêtent toute initiative chez les Ingénieurs pour les travaux et améliorations. Ils se trouvent en présence de crédits infranchissables fixés par les lois de Finances.

Avec l'exploitation par l'État, les améliorations d'aménagement, que la concurrence et un certain amour propre administratif nous amènent, ne pourront être obtenues qu'après avoir passé par toutes les formalités administratives.

Comme exemple des inconvénients résultant de ces formalités, M. Jacqmin cite une demande de réduction faite par une troupe d'artistes pour aller donner une représentation en province. Nous sommes sous le régime de 1850; la Commission donne son avis le 10 janvier; le Ministre statue le 25 juillet, *193 jours après !*

De nos jours, y a-t-il amélioration? L'administration officielle va-t-elle plus vite en besogne? Hélas! il faut dire non quand, dans un autre ordre d'idées, — la construction, — on voit l'État, chargé par une convention de 1858, de la construction de la ligne de Milhau à Rodez (longueur 80 kilomètres), commencer les travaux en 1869 et n'avoir pas encore terminé en 1880, — douze années!

Voyons, pour les tarifs, si les améliorations se produisent comme on nous le fait espérer. Que n'a-t-on pas dit de ces fameux tarifs de pénétration reprochés avec une apparence de raison aux grandes Compagnies, par M. Allain-Targé, dans la séance du 16 février? Depuis, à la date du 6 avril, l'Administration des chemins de fer de l'État a soumis à l'homologation ministérielle un prix ferme de 6 fr. 60, de Rochefort à Chasseneuil, 162 kil. Les charbons anglais sont donc taxés à 4 c., tandis que les charbons français, de Limoges à Chasseneuil, sont taxés à 6 c. 1/2. Comme tarif de pénétration, celui-ci peut être cité pour modèle. Il n'y a pas amélioration, mais bien aggravation!

Avant de conclure, Messieurs, car il faut se borner, j'ai encore diverses observations à vous présenter.

Et d'abord, quelle situation ferait à nos budgets le rachat total? Il ajouterait :

D'une part, aux recettes, 800 millions annuels de produits bruts; d'autre part, aux dépenses :

1° 400 millions annuels de frais d'exploitation ;

2° 450 millions à payer aux Compagnies pour parfaire le revenu actuel ;

3° Un demi-milliard, une fois payé, pour indemnité complémentaire. Ces chiffres sont établis d'une façon irrécusable par M. de Labry, dans la séance du 5 juin dernier de la Société d'Économie politique.

Je pourrais encore signaler, sous le rapport financier, de grands inconvénients provenant forcément de ce fait : l'État maître des chemins de fer et les exploitant. Il devient nécessairement le grand banquier de France : à lui désormais de lancer ces millions d'obligations qui, par leur diffusion, ont fait de la fortune des chemins de fer un des grands facteurs de la fortune publique. Mais l'État ne pourra pas fournir, comme les Compagnies, un intérêt suffisamment rémunérateur aux capitaux français; il les chassera pour ainsi dire vers les emprunts étrangers. Est-ce un bien? Et encore l'État n'a-t-il pas déjà un assez lourd fardeau, sans se charger encore du service des valeurs mobilières créées sur les chemins de fer, et qui montent à des milliards?

L'abaissement des Tarifs étant le grand appât présenté au public, je dirai que l'État n'a pas besoin de racheter et d'exploiter les chemins de fer pour nous donner ces fameux abaissements de tarifs.

Pour les transports à grande vitesse, voyageurs et marchandises, qu'il renonce à ce droit écrasant de 23 p. 0/0! Pour les transports à petite vitesse, qu'il supprime ce récépissé de 70 c. qui grève de 10 p. 0/0 des transports montant à 7 fr.

Cette considération de suppression d'impôts m'amène naturellement à examiner, au point de vue *fiscal*, les dangers de l'exploitation par l'État.

L'exploitation, entre ses mains, sera une arme fiscale d'autant plus terrible que le maniement en sera plus facile et les résultats plus considérables. Peut-on trouver un impôt plus simple à établir et à percevoir qu'une majoration de 5, de 10 0/0 sur les transports? Et quelles ressources cela donne! La loi de 1871 est un exemple bien tentant!

L'exploitation par l'État présente donc, sous le rapport fiscal, soit pour les surcharges budgétaires, soit pour les aggravations d'impôts, de grands inconvénients ; en ce qui concerne les responsabilités pécuniaires, j'en signalerai de plus grands encore, notamment en cas de blessures, de mort, de perte ou d'avaries de colis.

N'y a-t-il pas lieu de craindre, qu'à l'exemple des réseaux de l'État allemand et belge, l'État ne limite sa responsabilité, comme il le fait du reste pour le service postal? Il ne répond pas des paquets simplement remis; il limite à 50 francs l'indemnité pour une lettre recommandée perdue ou soustraite.

Ne s'inspirera-t-il pas de cet arrêt de la Cour de Cassation belge, établissant que « l'exploitation des chemins de » fer par l'État n'est pas un acte de commerce? »

Avec les Compagnies, au contraire, la responsabilité est complète, entière, et pour les valeurs soustraites ou avariées, et pour les agents par la faute desquels un dommage s'est produit. Nul ne peut s'y soustraire, chef de train, aiguilleur, chef de gare. Pour tous les cas et à tous les degrés, la responsabilité est établie. Le régime des Postes et Télégraphes nous donne la mesure de la réglementation qu'édictera l'État en cas de perte de colis ou de retard.

Si un accident arrive sur une ligne par le mauvais état du matériel ou de la voie, la Compagnie paie et la responsabilité ne peut être esquivée.

Qu'un accident arrive sur une route par le mauvais état

d'un parapet, par exemple, personne ne songera à mettre en cause l'Ingénieur ou le Conducteur chargé du s ervice, et à demander à l'État des dommages-intérêts.

Avec l'État, la responsabilité effective et sérieuse disparaît. Les bras cassés, les yeux tirés seront tarifiés, tout comme les lettres recommandées, détournées ou perdues. Dans l'accident du chemin de fer du Nord, en 1878, pour six tués et trois blessés, la Compagnie a dû payer 814,000 francs d'indemnités. A qui fera-t-on croire que l'État, en pareil cas, consentirait de tels sacrifices?

Puisque nous en sommes au chapitre des responsabilités et litiges, une question importante se pose à nous : l'État admettra-t-il la compétence des Tribunaux? Cette question n'est pas encore résolue, et il est plus probable que nous tomberons sous la juridiction des Conseils de Préfecture.

L'État serait alors *juge et partie.*

Et les perceptions indues pour fausse application de Tarif, allongement de parcours, etc...? Il ne faut pas oublier la loi du 1er germinal an XIII : « Toute somme entrée » dans les caisses du Trésor, n'est pas sujette à répétition. » Comme c'est rassurant !

Passant à des considérations d'économie politique, je m'étonne et ne puis comprendre que le Gouvernement, au moment où il reconnaît lui-même le bien qui résulte des idées d'association pour la vie intellectuelle d'un peuple, au moment où il prépare des lois nouvelles pour favoriser et développer en France cet esprit et les libertés économiques, semble mettre la main sur les associations les mieux combinées sous le rapport financier, industriel et commercial. Ce qu'il préconise d'un côté, il chercherait à le détruire de l'autre !

Voyons maintenant, à propos des libertés économiques, ce qu'il y a de fondé dans les craintes qu'expriment les adversaires des grandes Compagnies au point de vue douanier et au point de vue stratégique. D'abord, le Gouvernement est armé du droit d'homologation. Il ne laissera donc jamais établir de Tarif qui puisse gèner en quoi que ce soit la politique commerciale et douanière de la France.

D'un autre côté, en ce qui regarde la question stratégique, c'est-à-dire en cas de guerre, il a la main sur les chemins de fer.

Les Compagnies ont fait leurs preuves en 1870. L'Intendance et les services administratifs de l'État ont-ils rendu, dans leurs fonctions respectives, les mêmes services que nos Compagnies privées en matière de transports?

C'est l'exemple de la Prusse qui talonne les partisans du rachat, de la *Prusse autoritaire et absolutiste*. Cherchons de notre côté si nous ne trouvons pas, dans les pays libéraux, des exemples et des faits à l'appui de nos théories. Quels sont les pays où les transports sont les mieux organisés?

C'est bien la démocratique Amérique et l'aristocratique Angleterre. Il n'y a pas de pays où le rail-way se soit plus développé, où la *fièvre des Chemins de fer* ait atteint un tel degré d'intensité. Celui qui, dans l'un ou l'autre de ces pays, prônerait l'ingérence de l'État, provoquerait une réprobation unanime, chez les whigs comme chez les torys, chez les démocrates comme chez les républicains.

En Angleterre, on indique comme amélioration désirable une partie de ce qui existe en France, et la conclusion de la dernière enquête du Parlement est celle-ci :

« qu'il faut laisser à l'entreprise libre des citoyens la cons-
» truction et la direction des chemins de fer. »

En Amérique, un grand nombre d'États ont inscrit
dans leurs lois fondamentales « la prohibition absolue
» pour l'État de construire ou d'exploiter des Chemins de
» fer. »

Avant de terminer, Messieurs, je dois payer un juste
tribut aux autorités en la matière, dont j'ai mis les excel-
lents écrits largement à contribution pour ce travail. S'il a
pu vous présenter quelque intérêt, tout le mérite en revient à MM. Level, Jacqmin, Paul Leroy-Beaulieu, Brière,
Goltschalk, Marché et à nos collègues de Bordeaux, Nancy,
Sedan et Saint-Omer.

Je résumerai cette longue étude en six termes ;

Avec le rachat et l'exploitation par l'État, nous aurons :
Diminution des recettes ;
Augmentation des dépenses ;
Réduction du produit net ;
Déficit payé par le Trésor avec l'argent des contri-
buables ;
Suppression des responsabilités vis-à-vis du public ;
Ruine de l'industrie des transports et de toutes celles qui
s'y rattachent.

**Je conclus au rejet absolu du Rachat et de
l'Exploitation des Chemins de fer par l'État.**

Laval, le 3 juillet 1880.

Le Rapporteur,

Ludovic LOUVARD.

Lecture de ce Rapport entendue, la Chambre en adopte entièrement et à l'unanimité les conclusions; le convertit en délibération, et décide qu'elle l'enverra à M. le Ministre de l'Agriculture et du Commerce et à M. le Ministre des Travaux publics.

Elle décide, en outre, que ce rapport sera imprimé et adressé à toutes les Chambres de Commerce.

Pour copie conforme :

Le Président de la Chambre,
E. PIEDNOIR.

IMPRIMERIE CENTRALE DES CHEMINS DE FER. — A. CHAIX ET Cⁱᵒ,
RUE BERGÈRE, 20, A PARIS. — 15137-0.

www.ingramcontent.com/pod-product-compliance
Lightning Source LLC
Chambersburg PA
CBHW050015070726
47598CB00014B/1698